Cádaver insepulto

Primera edición: junio 2025

©Alexandra Vega Rivera
©La niña azul

Impreso en España.
ISBN: 978-84-128800-8-3
Depósito legal: M-13402-2025
Edición y maqueta: sam cárdenas
Diseño de tapa: Fernanda Cid
Corrección: Beatriz Urbán

hola@laninaazul.es
www.laninaazul.es
@laninaazuled

Cádaver insepulto
Alexandra Vega Rivera

A mi abuela, Maruja Hernández Giraldo
A mi amiga, Silvia Mangani
A mi tío papá, Enrique Ordoñez León

La poesía es humildad

Carla Santángelo Lázaro

Só muito depois eu ia comprender que estar também é dar

Clarice Lispector

El deseo, cuando se escribe, se codea con la muerte y la alegría

Anne Dufourmantelle

La memoria es una sobrevida

Cristina Peri Rossi

I

Señales de pista

En la ruta en la que no encuentras una sola recta
por ahí es
sigue el camino de las curvas
aférrate a los recovecos de la montaña
no te asustes con los precipicios
    mi infancia es el primer abismo del que me lancé
aunque los infinitos verdes nublen tu razón
avanza
vas a marearte a reconocerte perdido y sentirte pequeño
entonces, irás por buen camino
cuando el agua empiece a reflejar tus miedos
gira a la izquierda
el olor a helecho convertirá tus pulmones en musgo
y las vacas
viejas equilibristas de montaña
te hablarán de todo lo que han visto
cuando conmovido tengas ganas de llorar
verás una cruz emerger del centro de un lago
habrás llegado a la boca de lava fría
de la que hemos nacido todas las mujeres mi familia
métete húndete
hazte uno con el frío del agua
una piedra del tamaño del sol venida de otros tiempos
te escoltará

y cuando sientas el impulso de tirarte al piso
para adorarla
sigue
    avanza
        no mires atrás
deja todo lo que eres y todo lo que tienes
en la casa de mi infancia no necesitarás nada
salvo tu risa
y tu desnudez
cuando la montaña se convierta en pared y tu corazón
palpite con más prisa
el camino se bifurcará, como la vida
sigue la flecha que indica el rumbo: "Palestina"
y habrás entrado en un camino de ida
olerá a café, chocarás con leña y moras
una jauría de gatos y perros saldrán a olfatearte
ahí, detente
la enorme piedra te bendecirá y yo
te abriré el portón.

Comandanta de mi cartografía
está en mi rostro y mi rostro está en ella
maestra de lo fundamental
valiente y atrevida ocupa
      de mi orbital derecho
lideresa de un ejército de costuras
el aviso de una vida llena de cicatrices
que nacen de aprender
cosas elementales
el mensaje fue claro
      la torpeza innata con la que avanzarás en el mundo
el azar es una bestia indomable.

Profecía

Mi cuerpo pequeño lo supo al verla
que Nancy y su hambrienta delgadez
      eran dos
llegó a casa a cuidar de un par de niños
como una María pero sin un José
necesitaba un pesebre para no parir en la intemperie
mi larga trenza y mis siete años supieron desde el primer
momento
que su cuerpo estaba lleno de alguien más
en el frío y gris templo de los adultos
nunca hay lugar para la certeza de una niña
nadie me creyó

pasaron ocho meses y esa mujer con olor a sol
gritó en la madrugada pariendo vida
en la terraza de un pesebre de Belén
      en Medellín
todos me miraron con miedo
el gremio de tías de todas las familias de la historia
dictaminaron bautismo para la niña bastarda hija de sirvienta
y a mí, desde entonces
me convirtieron en demonio.

Equis

Mi nombre tiene una extraña equis en el medio
nunca supe si es la multiplicación de mis partes
o la incógnita de una ecuación sin resolver
soy Alexandra
      hija de Celmira
            hija de Maruja
                  hija de Berarda
                        hija de Ana María

salidas unas de otras
linaje de mujeres provenientes de una tierra
que ahora
      es agua

no es una letra
tampoco un número
es el lugar señalado en el mapa
para prender el fuego
el lugar sin tiempo en el que se encuentran
      todas mis ancestras.

La ruta transitada es un espiral
entre más nos distanciamos más cerca estuvimos
madre en París extrañó sus montañas
hermano en Japón el olor de su campo
en Mozambique deseé profundamente estar bajo sus aguas
eyectados de nuestra tierra
la oscuridad de nuestros párpados nos devuelve a ella
piel musgo
       pulmón helecho
        labios moras
          pies rizomas
y en el medio del pecho
una silla mecedora bombea vida
        a nuestro exiliado corazón
¿nos fuimos?
es imposible irse de uno mismo.

II

República de la Intemperie

Extraño un país que no conozco
pero no tengo a cuál más extrañar
mi pasaporte debería decir "República de la Intemperie"
    o del dolor
        de la injusticia
           de la expulsión
y el escudo debería ser el dibujo de una madre
buscando a su hijo desparecido
        en una fosa
          o en un río.

Cifras

Más de ciento veinticuatro mil gritos salen de la tierra
    y retumban
        en mi vientre
los oídos me sirven para otra cosa
lo importante lo escucho con el cuerpo

ahí, en la vasija en la que puedo albergar vida
se posan las aves de la muerte y del dolor
  anidan
      empollan
          se reproducen
                y se van
la ingratitud

mi patria es una enorme fosa común de la que huí
la crueldad disfrazada de alegría me hirió de muerte
tanta madre buscando me dejó estéril

mi patria es una escandalosa cifra de desaparecidos
      de la que hacés parte
no sé qué número te corresponde
pero sé tu boca y tus ojos negros
que de mirarme pasaron a ser la tierra fértil
de la fosa a la que tu cuerpo
fue a parar

tu rostro emerge en medio de la macabra cifra
tu sonrisa alumbra la noche de recuerdos
tu voz grita furiosa en los caudales de los ríos

las arterias de mi tierra
   hartas
     cansadas
       enojadas
han escupido cuerpos durante décadas
asqueadas del hierro amargo de la sangre
de sus hijas y sus hijos arrojados a sus profundidades
sin ritual de despedida

conocí al miedo antes que al amor
y cuando conocí al amor
la violencia vino esa mañana
vestida con el uniforme de la patria
y me lo arrebató
   te desapareció

buscarte
  buscarlas
    buscarlos
es la única manera de ganarle la batalla al terror
no estoy segura si te recuerdo o te imagino
el olvido
   jamás será una opción

¿cuántas veces habré caminado encima de la tierra que pesa sobre tu pecho?

¿cuántas veces me habré bañado en las aguas de los ríos que acunaron tu muerte?

¿a cuántas personas más la violencia les descuartizó el amor?

yo quería mentir en casa y escapar contigo ese fin de semana
abrazar tu cuerpo desnudo y reconocerme en él
pero a cambio tuyo
apareció la incertidumbre
y fue tu ausencia
            la que me hizo el amor.

Soy prima hermana de las bombas
nacimos casi al mismo tiempo y crecimos a la par
arrulladas en los escombros de un país
que desde antes de las explosiones
ya estaba sordo

soy prima segunda del secuestro extorsivo
y una vez me enredé amorosamente
con la desaparición forzada

mis pensamientos son un machete afilado
se abren paso en el monte de mis angustias
quisiera que perder el miedo fuera tan fácil
como perder la paz

pertenezco para siempre a aquello de lo que me fui
a donde voy llevo su chispa pero arrastro su dolor

me resisto a aceptar que matarnos sea nuestro destino inexo-
rable
mi patria es la injusticia
mi nacionalidad es la indignación

añoro una herida con nombre de país.

Pesebre de la orfandad

Topografía compleja como el amor
pueblito incrédulo y lleno de fe
no sabemos de milagros
        pero creemos firmemente en ellos

tu patriarca que se repite en todos los tiempos
mandó decapitar a los recién nacidos
pero matar y morir nunca serán lo mismo
aunque él se empeñe en confundirlos
y en ponerles las botas al revés
        haciéndolos pasar por tu enemigo

me voy porque no soy capaz de quedarme viviendo tu muerte
te veo agonizar a la distancia
y tú me echas porque tampoco puedes salvarme
del amor que no sabe amar
me has parido
        para matarme.

Reconciliación

Me reconcilié con Colombia cuando amé tu cuerpo
tu cuerpo tan trigueño y colombiano
aquella noche de tormenta
en medio de la cordillera
perdidos y escapados

esa noche hice el amor contigo y con mi país
entre nuestros cuerpos enredados se selló la paz
Colombia y yo llegamos a un acuerdo
tú y yo llegamos al orgasmo

en cada recoveco tuyo se selló una amnistía
en tu piel valió la pena pedirme perdón con mi tierra

tu boca fue el lugar de encuentro
la distancia que nos acercó
fuiste el acertado mediador en un antiguo conflicto
la guerra terminó contigo adentro mío

al amanecer cantó un gallo anunciando los acuerdos

aquella noche de tormenta todavía me perturba
hicimos el amor como quien tiene una sola oportunidad

mi tierra y yo nos reconciliamos
ya no sé dónde termina Colombia y empieza tu cuerpo.

III

Apnea

En cada ojo hay un océano
suben sus mareas
el llanto como enunciación
una parte quedó en el agua para siempre
me han salido canas
        y branquias
respiro en la profundidad de mi llanto
        para no ahogarme
soy mucho más que una mujer pez
soy una apneísta del sentimiento.

Corrientes y Alem

Ondulación de Buenos Aires
duna que avisa la cercanía al río
     la contemplo
le hago un tributo escandaloso en mis entrañas
la miro y vuelvo al abismo
     ahí
donde termina tu espalda.

Exposición

Deseo que algún día tengas el ojo lo suficientemente afilado
para que me saques la foto en la que quiero estar
ocurre en un invierno muy frío
hago un alto en mi escritura
lleno de agua la pava y la apoyo
en el fuego circular
para que se caliente hasta acercarse al límite
traspasando todas las fronteras
de todas las temperaturas
y al borde del hervor
justo antes de explotar
        obtures.

Perversión

Quiero empujarte por el vacío que te pesa
me relamo imaginando la disección
de tus heridas
quiero beberte para saciar tu sed
y darte de comer hasta hartar mi hambre
cuidar celosamente de tu herida
garantizar que no te matará
y que tampoco sanará
me urge darle de mamar a tus miedos
mientras te acaricio el pelo
y lamo tu cuerpo
convenciéndote de que todo va a estar bien.

Lumbre

Nuestro amor se convirtió en una lámpara vieja
gastada sin mantenimiento
iluminaba con intermitencia
        calentaba con dificultad
atada con el alambre de una antigua felicidad
pegada con pedazos de cinta de promesas lejanas
nosotros aturdidos por el miedo
le dábamos suaves toques
para que volviera a alumbrar
y encandilados con luces de otros lados
la desahuciamos

la vieja lámpara hizo corto circuito
la dejamos morir
el caos postergado se iluminó con la luz de la explosión
y en la quietud que trae la oscuridad tuvimos que volver a
empezar
solos, lejos, mendigando cerillas
buscando en los bolsillos algún viejo encendedor.

Harakiri

Amarte fue mi harakiri
y mis vísceras fueron del público

perdí todo
    maté todo
        incluido a vos
            incluido a él
                incluida a mí

mi nombre deambuló por los purgatorios de la deshonra
mientras aprendí a coser para zurcir sus nueve letras en mi vientre
y volver a engendrarme
        para otra vez parirme.

Nada

Mientras vos tenías un nudo en la garganta
yo en la mía tenía un nido
mientras vos en tu nudo enredabas miedos
yo en mi nido empollaba poemas
a los que luego tuve que matar
por falta de alimento.

Erre

Entre el d e s t i e r r o de tu cuerpo
y el d e s i e r t o que atravieso
no sé dónde acomodar esa incómoda erre
que me sobra y me encarta
y me sale muda de la boca.

Fríjol

Te besé como lo hice
intenté atravesarte con mi lengua
poner una semilla cobijada por algodón
en tu garganta
para que germinara y así cosechar las palabras
que nunca me dijiste.

Fuelle

Me llamas por un nombre que no es el mío
aseguras que me llamo así
juras que es mi rostro
mi boca mi voz
pero te confundes
la que cantaba tangos esa noche fría no era yo
era mi tristeza.

Las preguntas son aves de rapiña
hambrientas
me someten y a picotazos me torturan
quisiera que de una vez por todas me dejaran libre
les suplico
no tienen compasión
ya no sé cómo explicarles
que hice todo lo que nunca antes
fuiste nuestro invitado
pero nunca llegaste a la cena
en la que serías el suculento banquete
para mí y para todas ellas.

Óxido

Tu recuerdo es la sal del mar
barco hundido devorado por el óxido
sos un montón de lata vieja
que ya empieza a convertirse
en un hermoso
          arrecife de coral.

Vesubio

No tuve la suficiente valentía
para acercarme a tu mesa y acortar la distancia
entre los dos
la presión hizo que algunas paredes cayeran
las miradas le dieron órdenes a la imaginación
magma circuló por las venas
y el rayo láser de tus ojos me atravesó
pediste la cuenta pagaste te fuiste
abracé a mi cobardía y volví al texto
pero había olvidado leer
lava ceniza piedra y vapor
en algún punto de la calle te diste media vuelta
y escoltado por tu determinación
te paraste al lado mi mesa:
        hola, no me puedo ir así, necesito saber quién sos
un volcán entró en erupción.

Ausente

Le quise decir de muchas formas una sola cosa:
                    que lo quise
y quise darle las gracias
pero mi boca cansada de hablar decidió besar
mi desnudez fue a contarle
lo invité a mi cuerpo a cambio de su oficio
y abrió cerrojos
                    rompió candados
qué suerte haberle entregado mi soberanía por un rato
y aprender el placer adentro de mis fronteras

meses después en una noche fría
mis recuerdos rompieron fuente
y parí el poema que germinó en mis entrañas
la noche en que me preñó de letras
que nacieron huérfanas y nunca conocieron
                    a su progenitor.

Perra en celo

Volví victoriosa
de la panza de la ballena
luego de una noche entera bañada
en los jugos de tu boca
por lo único que pedí perdón fue por dejar pasar
tantas horas sin tocarte
Jonás me prendió un cigarrillo armado
me alcanzó el abrigo y me abrió la puerta
nuestro beso de despedida fue el último
pero el amor seguía haciéndose en el cuerpo
mis dedos todavía temblorosos contaron las monedas
para pagar el café que tomé adentro de una nube
los perros de pueblo sin dueño
me miraron entendiendo el brillo de mi pelo
felicidad de perra brava
el poder de perra en celo.

IV

Peixe

Pez nadando en mares de fuego
dueña de agua inútil para apagar incendios
su humedad es inflamable
seduce, aviva y manipula en silencio
desahuciada terrícola reencarnada
los pulmones tallan e incomodan
de la tierra sólo extraña a colibríes y lavandas

todas las noches mientas cambia el vendaje
de sus milenarias y ocultas branquias
maldice en secreto la inutilidad de los pies y sus dedos
y por las mañanas toma el café sin azúcar
mientras se pasa sal por sus escamas
antes de vestirse con la piel tersa
del capitalismo moderno

desconfía de los relojes
y de los espejos
añora la inmensidad del océano
que es bello y no necesita descrestar a nadie
el hogar queda en donde es imposible ahogarse.

Edén

¡Ay! Eva querida
qué gran decisión fue haber hablado
     con la serpiente
las cosas que se habrán dicho
los secretos que se habrán contado
segura estoy de que hubo carcajadas abrazo y llanto
y de que finalmente conseguiste con ella
     el paradero de Lilith
te lo habrás llevado escrito en un papelito
que enrollado escondiste en tu corpiño
gracias por no esperar a tener hambre para morder
tus hijas, orgullosas
     lo hacemos todo el tiempo.

Desvelo

A las dos de la mañana una urgencia me despierta el cuerpo
          escribir
descalza y casi desnuda camino
voy al destino al que los insomnes
siempre vamos a buscar respuestas
          la cocina
el llanto de un bebé como hacha afilada
corta el silencio nocturno de verano
mis tímpanos caminan en puntas de pie
          espían
grita como si algo le doliera
la angustiante fatalidad de nacer
y no poder explicitar
pienso en la tragedia, en la madre
la imagen de ella me angustia más
          que la del crío
tomo otro vaso con agua
una profunda bocanada de aire
y pienso en mí
prefiero el desvelo de la escritura
          al de la maternidad.

Mi sombra tiene cuatro patas

Mi sangre huele a avellanas
y a madera
tengo un bosque por dentro
que cada veintiocho días
está en otoño
y derrama sus hojas
por entre mis piernas
y se renueva
me gusta mi olor a musgo
y a leña
cada vuelta de luna
volver a cerciorarme:
no soy del todo humana
y mi sombra tiene
cuatro patas.

Réquiem

Un réquiem por los poemas compuestos
en los pensamientos de las mujeres
que se mecían mientras tejían

el movimiento en un mismo lugar
moviéndose sin trasladarse
acunando las heridas de un cuerpo

la vida es una silla mecedora
esperando por mí
en la casa en la que murió mi bisabuela

tejo la colcha colorinche de mis pensamientos
mientras mezo mi cuerpo
arrullando mis recuerdos
acariciándoles el pelo
    dándoles de mamar.

V

Cataclismo

Amo las raíces que al crecer destruyen el asfalto
la pulsión vital atrevida
      no pide permiso
amo ver la destrucción que la vida deja a su paso
como el canal vaginal de mi madre destrozado después de
parirme
como la copa de los árboles besando el suelo tras el paso de
los elefantes
la vida está llena de movimientos inesperados
      es arrolladora
la muerte es simple solo llega
la muerte es otra cosa.

Cerrado por duelo

Ese cartel ese le – tre – ro
escrito a mano porque premeditar y doler
no se pueden al mismo tiempo
nunca explica nada y siempre lo entendemos
anula las preguntas hace públicas las lágrimas
desenmascara la frivolidad de un sistema
que sólo puede cerrar
cuando no se tiene alma para abrir
¿y si pego uno de esos en mi pecho para continuar?

Salvapantallas

La margarita que miro fijamente todos los días
me recuerda tu paso por la vida
los pétalos de ese verano juntas
antes de tu muerte
amiga

la flor convive con las tablas Excel para el contador
me duele tu ausencia
me enojan los impuestos
sostenido en un pétalo
está el manuscrito que aún no envío
lo miro y retumba en mí
tu italiano vozarrón
recordándome que debo enfrentar
mi mayor temor

en otro pétalo descansa un texto
con nombre de flor
te lo escribí a vos
la noche que siguió
a la mañana de tu muerte

estás en la ventana por la que me asomo a diario
exigiendo respuestas pidiendo migajas

de tu vida
y sólo me devuelve la angustia
del silencioso brillo de un recuerdo
el monitor.

Principio del fin

Frente a sus ojos ha transcurrido un país maldito e improbable
biografía que enredada en las raíces del desasosiego
vitorea en las copas de los árboles del bosque de la patria

nacido en un país donde se nace sin derecho a infancia
su vida entre vivos y muertos
azules y rojos
militares y guerrilleros
tintos y montañas
tangos y boleros

desterrado de su nido
ingeniero de madrigueras para otros
pisciano con caligrafía perfecta
alma de Cóndor de las tres cordilleras
entrenado en acontecimientos insólitos
a él, la felicidad, nunca lo tomó por sorpresa
hay más registros de sus silencios que de su risa

lo vi llorar y advertirle a Dios que aquel sería su último cigarrillo
a cambio de que sobreviviera la mujer que amó
tío padre y abuelo tuvo el poder de poderlo todo al mismo tiempo
maestro de las lecciones importantes
tomar whisky bailar madrugar y escuchar
hoy el veredicto del almanaque dice que yo tengo 37 y él 88
es agosto y a miles de kilómetros de mi casa
me avisan que su tierno y fuerte corazón está marchando

ahora, más lento
instantáneamente el mío corre con más prisa
el nudo en la garganta, reconozco mi temor
es el miedo que produce la implacable proximidad
de la despedida.

Salto

Curiosidad que asfixia
la vida es un abismo
vivir es caminar en la cornisa
la pregunta es la bocanada de aire
y el descubrimiento es el salto que todos hacemos
con un paracaídas
        que no abrirá.

El Océano Atlántico Sur todas las noches cierra los ojos
los aprieta con todos los vientos y corrientes de su ser
y pide a Neptuno que lo despoje de su sal

ansioso se despierta cada mañana
con la ilusión intacta de la infancia
esperando tener sabor dulce descifrando las voces del viento
que hablan en guaraní
llevar una vida menos protagónica
lejos del glamur de la cartografía mundial
el Océano Atlántico Sur quiere ser el lugar
en el que un padre le enseña a su hijo
a tirar el anzuelo desde una costanera
adornada de termos y reposeras
añora ser un laburante testigo de la cotidianidad de dos orillas
en las que se ceben mates
se escuchen cumbias
se hagan promesas de amor
y huela a choripán

quiere despertar siendo la arteria
que conduce al interior de estas tierras
a la que la historia blanca le cambió el cauce
obligándola a mirar a las costas frías de los amos
el Océano Atlántico Sur quiere ser el río
        tiene espíritu cimarrón.

Asco

Yo no quiero matar varios pájaros de un solo tiro
yo no quiero matar varios pájaros
yo no quiero matar ninguno
yo no quiero matar.

Séptimo día

Al domingo le gusta madrugar
y martillar las paredes de los pensamientos
a las siete de la mañana
disfruta cebarle mates dulces, fríos y lavados a mi ansiedad
el domingo tiene alma de tía
entrometido me pregunta por mi vida
por los días que fueron
y los que vendrán

el día en el que todos creen en Dios, yo lo pongo en duda
dicen que durante seis hizo todo lo increíble
y el séptimo descansó
ese Dios de esa creación no es un laburante
es un patrón
el descanso es privilegio y es señuelo
ese Dios parido por humanos y acaparador
no nos dio un día de descanso
nos dio uno de tormento.

Espejo

Hermoso poderoso y perverso
esculcas almas asaltas privacidades
cuánto poder tienes
prefieres la mudez a cambio de poder verlo todo

testigo silencioso de nuestras mayores inseguridades
he amado cuerpos que mientras entraban en mí
te miraban a vos

duplicas la existencia reviertes maleficios
eres el producto alquímico del amor entre la plata
el calor y el vidrio
me ves vestirme y me repasas
minucioso, cuando me desnudo

representas lo que abunda en quienes te trajeron a mi tierra
quiero amarte y después romperte
devolverte a la entraña indolente de la que vienes

me increpaste en el reflejo de los vidrios
de los ataúdes de mis muertos
fantasma maldito
sabes a origen hueles a infinitud

dicen que estás lleno de metales
pero estás lleno de almas

si la culpa fuera un objeto
la culpa serías vos.

El rito suicida de la eternidad

El encuentro de la lava con el agua
la alquimia que forma islas en el mar
se miran y chocan
el esplendor del furioso amor oceánico
tragedia abrasadora
se unen para extinguirse
y se inmolan
el mar no puede apagar el fuego
el fuego no puede secar al mar
nace algo nuevo
después de la pasión vendrá la paciencia
¿cuánto tiempo milenario le llevará convertirse en continente
y en el hogar de gente que sobre su lecho haga el amor?

Relámpago

En la oscuridad del verano de la pampa un caballo cabalga
la libertad en su trote interrumpe mi lectura
no puedo verlo pero sé que él sabe a dónde va
se acerca y me huele con la curiosidad de un humano
que observa a un insecto
al que puede matar

repaso mi armamento
       un lápiz
           un libro
                una manta
                     un cuaderno
nunca tuve contrincante tan digno en frente

un relámpago alumbra nuestras facciones
somos dos bestias color marrón
y de pelo oscuro traídas de otro tiempo
me quedo quieta
acepto mi suerte
él relincha con el trueno
sigue su camino.

Sur

Un látigo de viento frío golpea el escote de mi espalda
es enero y mis pezones
        delegados gremialistas de mi cuerpo
le exigen respuestas al oficinista melancólico de mi hipotálamo
que escribe cartas a la zona tórrida y añora tonos de verdes
        y árboles de mango y plátano y café
no tengo fiebre: es mi alma recordándole a mi cuerpo
que en el sur
        el calor
          es prestado.